LA PETITE BIBLIOTHÈQUE DU CHAT

ÉCAILLE DE TORTUE

DAVID TAYLOR
ELIZABETH MARTYN

GRÜND

UN LIVRE DORLING KINDERSLEY

GARANTIE DE L'ÉDITEUR

Pour vous parvenir à son plus juste prix, cet ouvrage a fait l'objet d'un gros tirage. Malgré tous les soins apportés à sa fabrication, il est malheureusement possible qu'il comporte un défaut d'impression ou de façonnage. Dans ce cas, ce livre vous sera échangé sans frais.
Veuillez à cet effet le rapporter au libraire qui vous l'a vendu ou nous écrire à l'adresse ci-dessous en nous précisant la nature du défaut constaté. Dans l'un ou l'autre cas, il sera immédiatement fait droit à votre réclamation.
Librairie Gründ - 60, rue Mazarine - 75006 Paris

Adaptation française de Nathalie Guilbert

Texte original de David Taylor et Elizabeth Martyn

Première édition française 1991 par Librairie Gründ, Paris

ISBN : 2-7000-5743-0
Dépôt légal : juillet 1991
Édition originale 1990 par Dorling Kindersley Limited sous le titre original The Little Tortoiseshell Cat Book.

Éditeur : Corinne Hall. Maquettiste : Nigel Hazle.
Directeur artistique : Nick Harris. Directeur éditorial : Vicky Davenport.
Photocomposition : Bourgogne Compo, Dijon
Printed and bound in Hong Kong by Imago

SOMMAIRE

Artistes chats

Portraits de chats

Moi et mon chat

Guide pratique du chat

ARTISTES

Chats

Le chat écaille de tortue dans les arts, la littérature et la mythologie, en tout temps et en tout lieu.

Imaginaire et folklore

Les chats écaille sont présents dans les légendes et la littérature depuis des siècles. Voici quelques exemples illustres.

Dans de nombreux pays, on pense que les chats écaille de tortue portent chance. Les Anglais considèrent ainsi que ces chats sont bénéfiques à leurs maîtres, et que celui qui joue avec un chaton écaille peut acquérir un don de voyance. Pour certains, ces chats ont la faculté de prévoir les événements. Ainsi, en Normandie, quand on voit un chat écaille de tortue grimper à un arbre, on dit qu'une personne du voisinage risque d'être tuée dans un accident.

Croyances écossaises

En Écosse, on accueillait volontiers les chats écaille dans les maisons, car ils apportaient force et santé à toute la famille. Si, malgré tout, quelqu'un tombait malade, les membres de la famille devaient tous se laver et jeter l'eau souillée sur le chat du foyer. Le chat ainsi trempé était chassé de la maison et avait l'extrême obligeance d'emporter la maladie avec lui. En revanche, s'il quittait la maison de son plein gré, le malade devait craindre fortement pour sa vie.

Chat guérisseur

Ceux qui avaient des verrues pouvaient en être guéris en les frottant avec le bout de la queue d'un chat écaille de tortue. Malheureusement, ce traitement n'était efficace que pendant le mois de mai. En revanche, les chatons nés en mai avaient, pensait-on, le mauvais œil. On les soupçonnait d'attirer dans les maisons des serpents et des couleuvres qui étranglaient les nourrissons.

À gauche : carte de vœux de Nouvel An (détail) avec chaton écaille porte-bonheur. À droite : chatons écaille de tortue. Ci-dessous : observatoire.

PIED MARIN

Les chats écaille de tortue étaient toujours les bienvenus à bord des bateaux, car ils garantissaient au navire un sort heureux et protégeaient son équipage. En Extrême-Orient, nous dit la tradition, les marins hissaient le chat du bateau au sommet du mât pour effrayer les démons des tempêtes. Pour les Grecs, si un marin était assez fou pour jeter un chat par-dessus bord, l'équipage était sûr d'essuyer une tourmente peu de temps après.

DEVINS

En cas de naufrage, le chat du bord était toujours parmi les premiers sauvés. Le chat avait aussi le don de prévoir le temps. S'il éternuait ou se grattait furieusement l'oreille, il y aurait des pluies en pleine mer. S'il se chauffait le dos à la cheminée, il annonçait des gelées en chemin. S'il dormait la patte sur le museau, cela présageait un coup de vent pour les prochaines heures.

FASCINANTS CHATS ÉCAILLE DE TORTUE

Les chats sont un objet de fascination universel. Voici quelques histoires singulières dont le chat écaille est le héros.

Pendant des siècles, le chat écaille de tortue a constitué une véritable énigme pour les naturalistes. Aujourd'hui, les progrès de la génétique permettent aux éleveurs d'obtenir à coup sûr, par des croisements réfléchis, des chatons écaille de tortue. Les arcanes de la génétique féline veulent que l'écaille de tortue soit toujours une femelle. Parfois, un caprice de l'hérédité permet la naissance d'un mâle, mais il est presque invariablement stérile.

ÉCAILLE ORIENTAL

Les chats écaille de tortue ont toujours été plus répandus en Orient qu'ailleurs et sont probablement originaires d'Asie mineure. À cause de leur rareté, ces chats sont considérés comme de précieux talismans, en particulier au Japon, où les chats écaille sont des curiosités très prisées, auxquelles on attribue des pouvoirs magiques.

PÉRÉGRINATIONS

Félix était un joli chat écaille, spécimen rare et précieux, qui fut expédié par avion de Francfort à Los Angeles où l'attendaient ses maîtres. Félix réussit à s'échapper de la cage dans laquelle il voyageait et fut porté disparu. En réalité, il se trouvait toujours dans la soute, où il parvint à survivre sans manger ni boire. Ce n'est que 39 jours, 64 vols et 269 850 km plus tard, que le félin voyageur fut rendu à ses maîtres, médusés mais ravis.

Page de gauche : chat à l'affût.
Ci-dessus : aux pieds du maître d'école égyptien.
Ci-contre : mère exemplaire.

CHATS AU ZÉNITH

Voici quelques chats écaille de tortue qui ont connu les honneurs des arts et de la littérature.

L'esthétique raffinée du chat écaille de tortue en fait un sujet idéal pour les peintres. C'est un superbe spécimen aux motifs écaille nettement reconnaissables que le grand Goya choisit pour le célèbre portrait du jeune Don Manuel qu'il réalisa à la fin du XVIIIe siècle. L'animal au regard hypnotique offre un contraste saisissant avec la candeur fragile de l'enfant vêtu de rouge.

CHAT PARISIEN

Peu d'artistes ont peint autant de chats que Théophile Steinhein. À la fin de sa vie, l'œuvre de ce peintre, dessinateur et graveur français comptait plus de cent portraits de félins de tous poils. C'est à Montmartre qu'il trouvait ses modèles, et, peut-être, dans un cabaret qu'il fréquentait assidûment, le célèbre Chat Noir.

LA MUSE

Béatrice Beck, prix Goncourt 1952 pour *Léon Morin, prêtre*, est l'auteur de *l'Enfant chat*, qui relate l'amitié d'une chatte et d'une vieille dame, et fut couronné du prix littéraire de l'émission Trente millions d'amis. Elle explique dans *Chat plume* (Éd. Pierre Horay) que l'héroïne de ce roman singulier lui fut inspirée par la contemplation fascinée de sa propre chatte, Belle. Celle-ci, une écaille de tortue rousse, noire et blanche, l'avait frappée par ses aspects humains, lui donnant même parfois l'impression de parler, véritable alter ego !

Page de gauche : l'heure du thé.
Ci-dessus : chaton tabby écaille.

Ci-contre : chats parisiens, détails d'une affiche de Steinlein.

Portraits de

Chats

Portraits choisis de chats écaille de tortue, somptueux, nobles félins de pure race ou compagnons familiers de nos maisons.

MASQUES FÉLINS

Uniques, les traits d'un chat révèlent son caractère profond. Son ascendance apparaît de la manière la plus frappante au niveau du masque, et c'est à ses yeux et à ses oreilles que se lisent les moindres changements d'humeur. Un chat qui fait l'objet de soins attentifs est vif, déluré et curieux.

PASTELLE
Persan tortie smoke

GRANIT
Manx écaille et blanc

CAMILLE
British bleu-crème et blanc

FLEUR
British Shorthair écaille de tortue

JESSICA
Persan écaille de tortue

VANESSA
Oriental chocolat tortie

CALLISTO
Sans pedigree

PAPILLON
Sans pedigree

BRITISH BLEU-CRÈME ET BLANC

Ce félin au pelage ondoyant aux teintes merveilleuses est très attachant quand il est petit. Sa fourrure épaisse et soyeuse, tachetée de bleu, de crème et de blanc, est d'un entretien facile. Les chattes de cette variété sont d'un naturel aimable et doux.

CHARACTÉRISTIQUES

Toujours calme et sereine.

Très sociable et facile à vivre.

CHAT PELUCHE

Ces chats ont un corps massif et rond, une fourrure dense, une queue fournie et de petites oreilles ornées de touffes délicates.

VEDETTE

Le British bleu-crème et blanc est une variété assez récente, souvent présente dans les concours aujourd'hui.

CHATOYANT

Les couleurs doivent être réparties de façon harmonieuse, sans teinte prédominante, le blanc se trouvant sur le dessous du corps, le bleu et le crème sur le dessus et une partie de la face. La présence d'une tache crème ou blanche sur la face est un caractère très recherché qui souligne la nuance ambrée des yeux.

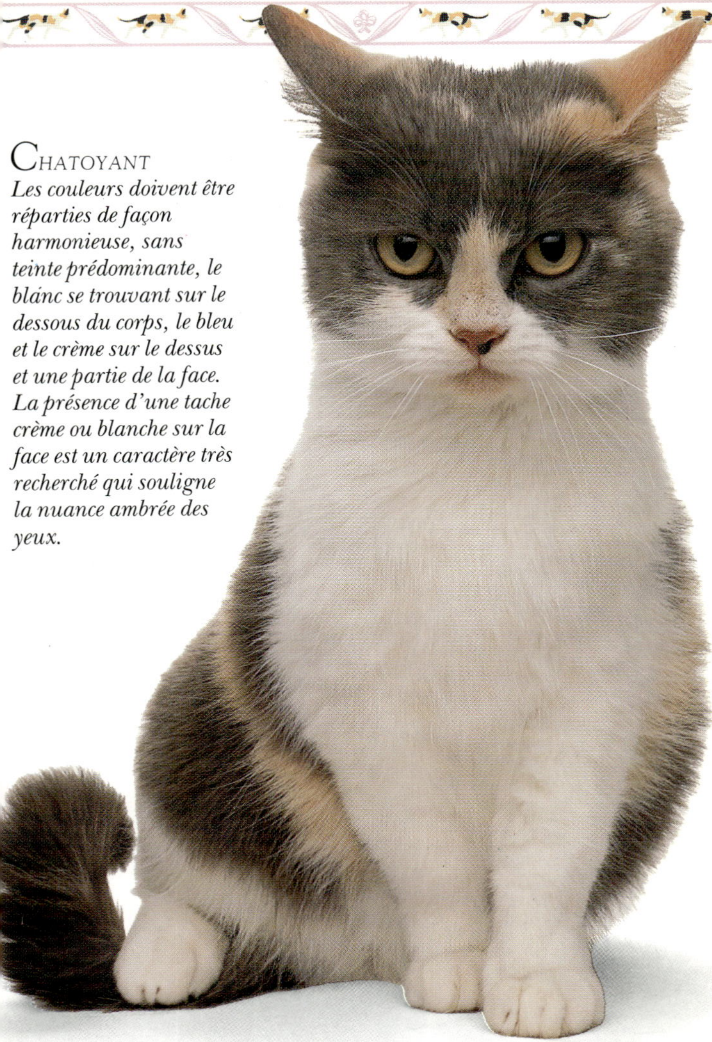

BRITISH SHORTHAIR ÉCAILLE DE TORTUE

Les Britanniques ont été les premiers à fixer des normes d'élevage pour les chats à poil court, d'où leur nom. Leur constitution robuste et trapue, leur aspect tranquille et rassurant en font des animaux de compagnie très appréciés. Mais la répartition écaille de tortue est extrêmement difficile à obtenir, à cause des particularités du gène.

CHAT CÂLIN

Le British Shorthair a des pattes courtes, bien proportionnées, rondes et larges à l'extrémité, et un corps élastique et ramassé.

Profil parfait

Une face ronde et large, un nez court et légèrement stoppé, un museau régulier et un menton bien marqué, sont autant de qualités requises chez les plus beaux spécimens de British.

Charactéristiques

Apprécie le luxe.

Aime la compagnie.

Tendre et affectueux.

Chat confort

En bon épicurien, ce félin a un sens aigu du confort. En échange de l'amour et de l'affection que lui prodiguent ses maîtres, il se charge de réchauffer coussins et oreillers.

PERSAN TORTIE SMOKE

Le Persan tortie smoke a une robe somptueuse, délicatement tachetée de couleurs fondues. Cet aspect vaporeux vient de ce que les deux tiers du poil sont colorés, tandis que la racine est smoke (argentée). La nuance est plus ou moins intense selon la longueur du poil. Durant quelques mois, après la mue d'hiver, la robe est uniforme, et l'on ne peut voir le smoke qu'en écartant les poils.

EXTRÊME RAFFINEMENT

La fourrure est épaisse, soyeuse et veloutée. Aux endroits où le poil est plus court, sur la tête et les pattes, les colorations paraissent plus soutenues.

PANACHE LÉONIN

Son corps est trapu et massif, planté sur des pattes courtes et musclées, aux pieds ronds. Sa queue est courte avec un joli panache.

CHARACTÉRISTIQUES

Un animal de bonne composition, d'humeur égale.

Amateur de plaisirs voluptueux.

Adore se faire dorloter.

PRÉCIEUSE PARURE

Une collerette encadre la superbe tête de ce chat, lui donnant un petit air de chouette. Le menton est ferme, les oreilles sont petites, rondes et touffues ; les yeux, très grands, sont deux disques de cuivre brillant.

MANX ÉCAILLE DE TORTUE

Voici celui dont la queue, dit-on, est restée dans la porte de l'arche de Noé ! Pour d'autres, fuyant un navire en perdition de l'Armada espagnole, ce chat se serait réfugié sur l'île de Man, entre l'Irlande et l'Angleterre. Les chats de cette race sont désormais tellement associés à l'île qu'on les retrouve en effigie sur les timbres et les pièces de monnaie. Curieusement, l'absence de queue ne semble pas affecter leur équilibre. Leurs pattes arrière sont plus longues, ce qui leur donne habileté et vitesse au saut et à la course... et une étrange ressemblance avec les lapins.

UNE HISTOIRE SANS QUEUE NI TÊTE
Dans l'idéal, le chat de l'île de Man présente un petit creux à l'extrémité de la colonne vertébrale à la place de la queue.

Gène dangereux

Quand on accouple les chats sans queue de l'île de Man, leurs gènes peuvent provoquer des anomalies et les chatons mourir à la naissance.

Drôles de noms

Les chats de l'île de Man qui n'ont pas du tout de queue, comme celui-ci, sont appelés « rumpies » ; ceux qui ont un semblant de queue sont les « stumpies » et ceux qui ont une queue plus longue, les « longies ».

Charactéristiques

Affectueux et attachant

Surprenant, ce chat court comme les lapins, en bondissant.

PERSAN ÉCAILLE DE TORTUE

Le Persan est encore une variété presque exclusivement femelle. Le travail des éleveurs permet désormais d'obtenir aisément le mélange de noir et de roux. Les taches de couleur doivent être réparties également ou mélangées de façon homogène. Les oreilles doivent aussi présenter des couleurs mélangées, et la présence d'une flamme rousse ou crème sur le masque est une qualité appréciée par les juges.

Chat-huant

Le Persan écaille de tortue a une extraordinaire face ronde et aplatie, avec un stop profond au-dessus du nez, un menton fort et un front bombé. Ses oreilles sont rondes, petites et écartées. Les grands yeux cuivre le font irrésistiblement ressembler à un hibou.

Charactéristiques

Très maternelle avec ses petits.

Douce et docile.

Manchons soyeux

La fourrure épaisse et joliment ébouriffée est merveilleusement douce et soyeuse. La queue est courte, ornée d'un panache majestueux.

ORIENTAL CHOCOLAT TORTIE

Cette race fière, élancée, provient du croisement de Siamois avec d'autres variétés à poil court. Il en résulte un animal élégant, à l'allure exotique, à la robe joliment colorée. La nuance écaille consiste chez lui en un mélange de taches et de mouchetures. Le corps est souple et athlétique, avec des pattes fines et une longue queue effilée. La face est très semblable à celle des Siamois, avec des yeux écartés, d'un vert envoûtant, qui posent sur le monde un regard hautain.

SVELTE ET SOYEUX

Le poil est court, d'une belle texture soyeuse et serrée. Ces chats, trop actifs pour rester bien longtemps sur les genoux de leur maître, n'en sont pas moins affectueux et capables de s'attacher aux gens.

Charactéristiques

Un chat d'une grande distinction, qui aime qu'on le remarque.

Une forte personnalité, pleine de charme.

Énergique et vigoureux.

Fureteur

L'Oriental a hérité du caractère énergique et curieux du Siamois.

Ancêtres égyptiens

Les chats qui sont représentés sur les tombes égyptiennes ont des oreilles longues et pointues, une tête triangulaire, un museau ferme et allongé... tout comme l'Oriental.

LA SÉDUCTRICE

Callisto est une chatte errante dont on a fait cadeau à ses maîtres. C'est un très bel exemple d'écaille de tortue et blanc, avec un joli mélange de noir et de roux sur un fond blanc immaculé. Avec une patte noire gantée de blanc et une autre entièrement blanche, Callisto est une chatte originale et pleine de charme.

COQUETTE

Callisto a les traits fins, soulignés par de longs sourcils et moustaches blanches, et le masque orné de taches noires et roux velouté.

CHARACTÉRISTIQUES

Affectueuse, mais plutôt méfiante envers les étrangers.

Aime les vagabondages.

Un chat digne et réservé.

UN COMPAGNON BIGARRÉ

La fourrure courte, moelleuse, parsemée de taches régulières, étonne par sa coloration très particulière. Elle est facile à entretenir et Callisto veille scrupuleusement à la propreté de ses jolies bottes blanches.

LES YEUX PLEINS D'ÉTOILES

Les yeux d'un vert intense et les oreilles frangées de roux contribuent à l'air intelligent et curieux de ce chat.

SANG BLEU

Papillon est une chatte bien proportionnée qui doit à des ancêtres British sa fourrure courte et dense et sa constitution robuste. Cette ascendance lui vaut aussi un caractère facile : douce et équilibrée, elle est une compagne idéale et une amie pour toute la famille, toujours affectueuse et prête à s'adapter à toutes les circonstances.

DUFFLE-COAT

La robe, mouchetée de manière homogène, est un peu plus épaisse que chez les British, car Papillon vit à l'extérieur. Elle dort toutefois au chaud, sur un coussin douillet.

Traits britanniques

Les pattes et la queue épaisse et courte sont tout à fait celles d'un British Shorthair de même que les pieds larges et ronds.

Charactéristiques

Parfaitement équilibrée.

Indépendante mais affectueuse.

L'animal familier idéal.

Collier chatoyant

La face ronde, le regard vif des yeux orangés sont mis en valeur par une tache rouge, veloutée, particulièrement séduisante, sur la gorge. Le nez légèrement aplati, est dû sans doute à quelques gouttes de sang persan.

Moi et mon *Chat*

Un guide personnalisé qui vous aidera à choisir le nom idéal, connaître le signe astrologique et noter les exploits de votre minet écaille de tortue.

Livret de famille

Nom de mon chat ....

Date de naissance ....

Lieu de naissance ....

Poids ....

Signe astrologique ....

Couleur des yeux ....

Couleur du poil ....

Signes particuliers ....

Père et mère (si connus) ....

Frères et sœurs ....

Ce qu'il préfère

Petits plats ....

Coins où faire la sieste ....

Jeux et ruses ....

Caresses préférées ....

Meuble pour se faire les griffes ....

LA PREMIÈRE FOIS QUE MON CHAT...

A ouvert les yeux ....

A bu une soucoupe de lait ....

A mangé des aliments solides ....

A ronronné sur mes genoux ....

A dit correctement « Miaou ! » ....

Est sorti découvrir le vaste monde ....

A attrapé une mouche ....

Est resté coincé dans un arbre ....

Est tombé dans la baignoire ....

A rencontré un autre chat ....

Est tombé amoureux ....

A grimpé aux rideaux ....

A disparu ....

Est rentré couvert de blessures ....

A découvert la neige ....

S'est servi de la chatière ....

A compris l'usage de la litière ....

Choisir un nom

« Choisir le nom d'un chat n'est pas chose facile » écrit T.S. Eliot dans son fameux *Old Possum's Book of Practical Cats (Les Chats*, publié aux Éditions Nathan). Il ne simplifie pas la tâche en proposant d'attribuer à son félin trois noms : « un petit nom familier », un autre « plus noble », et un troisième, « secret, impénétrable et singulier », que le chat soit seul à connaître. Quelques suggestions vous aideront peut-être !

AMISH *Du nom d'une secte américaine, adepte d'une vie rurale et simple, qui s'est spécialisée dans la confection de couvertures en patchwork.*

ARLEQUIN *Convient particulièrement à un chat bigarré aux yeux cernés de noir, comme le personnage de la commedia dell'arte.*

CALLISTO *Du nom de cette jolie planète roux sombre, semée de taches claires.*

FLAMME *Pour un chat à poil long, tacheté de roux flamboyant.*

GRANITE *Pour un félin robuste, au pelage très finement moucheté.*

LUCINE *Pour une chatte aux pieds ailés noir, orange et crème, du nom de ce gracieux papillon tropical.*

MOSAÏQUE *Pour un chat à la robe composée de petites taches multicolores.*

MOUCHE *Pour une jolie chatte alerte, à la robe mouchetée.*

PROTÉE *Du nom du dieu grec qui avait reçu le don de changer de forme à volonté, pour un chat aux tons changeants.*

TALISMAN *Parce que le chat écaille de tortue est considéré comme un porte-bonheur dans de nombreux pays.*

VULCAIN *Du nom du dieu romain du Feu, ainsi que du superbe papillon qui arbore des taches couleur de feu sur fond noir.*

Le zodiaque des chats

Étudiez le signe astrologique de votre chat ou choisissez le compagnon qui vous convient.

Bélier

21 mars - 20 avril

Créature aventureuse, le chat Bélier n'est pas un animal de tout repos. Bien que farouchement indépendant, il a une nature très loyale et adore se faire dorloter lorsqu'il est dans de bonnes dispositions. *Le maître BALANCE déborde d'attentions pour le chat Bélier égocentrique ; le VERSEAU apprécie sa droiture.*

Taureau

21 avril - 21 mai

Le chat Taureau ronronne sans cesse et n'est jamais si heureux que lorsqu'il dort sur son lit préféré. Il aime la bonne chère et a une tendance à l'embonpoint. Placide et aimable, il peut se mettre violemment en colère. *Le maître VIERGE lui offre le foyer idéal ; le POISSON trouve la sérénité en sa compagnie.*

Gémeaux

22 mai - 21 juin

Le Gémeaux est un chat remuant dont il ne faut pas attendre une présence constante et câline. Séducteur invétéré, sa vitalité en fait un compagnon fascinant, parfois exaspérant. *Le maître SAGITTAIRE partage le goût des défis du chat Gémeaux ; la VIERGE sait ne pas lui imposer de limites.*

Cancer
22 juin - 22 juillet

Idéal pour ceux qui passent beaucoup de temps à la maison. Le chat Cancer vous suivra comme votre ombre, sautant sur vos genoux à la moindre occasion. Soyez diplomate : il est susceptible. *Le maître Capricorne satisfait son besoin de stabilité ; le Taureau lui apporte la sécurité.*

Lion
23 juillet - 23 août

Souverain de la maison, le chat Lion veut imposer sa loi sans discussion. Il a une allure majestueuse et soigne son apparence. Il adore les compliments et fera n'importe quoi pour attirer votre attention. *Le maître Cancer apprécie le sens des responsabilités du chat Lion ; le Bélier raffole de ses acrobaties.*

Vierge
24 août - 22 septembre

« Prudence ! » est la devise de ce chat. Intelligent et posé, il ne craint pas de rester seul, aime changer de décor ou voyager dans son panier. *Le maître Scorpion satisfait la nature curieuse du chat Vierge ; le Gémeaux a un esprit d'indépendance que respecte et encourage le chat Vierge.*

Balance

23 SEPTEMBRE - 23 OCTOBRE

Ce félin voluptueux ne se lasse pas des caresses. Il exige votre attention, prend facilement ombrage et accepte fort mal d'être chassé sans cérémonie d'une chaise confortable. *Le BÉLIER est le maître idéal du tranquille chat Balance ; le CAPRICORNE lui apporte sécurité et confort.*

SCORPION

24 OCTOBRE - 22 NOVEMBRE

Chat passionné, magique, à la présence magnétique. Sautant et bondissant avec une formidable joie de vivre, il ne se lie pas facilement d'amitié, mais une fois conquis, il restera votre fidèle allié pour la vie. *Le maître POISSONS partage la perspicacité du chat Scorpion ; le TAUREAU sait le rendre plus réaliste.*

SAGITTAIRE

23 NOVEMBRE - 21 DÉCEMBRE

Aventurier épris de liberté, le chat Sagittaire n'a pas la grâce des autres signes. Il affectionne par-dessus tout la compagnie des hommes et les plaisirs de la table, mais il supporte mal l'agitation. *Le maître LION aime l'impétuosité du chat Sagittaire. Le VERSEAU est un observateur curieux de ce tempérament actif.*

Capricorne

22 décembre - 20 janvier

Calme et serein, le chat Capricorne se montre assez timide avec les inconnus. Il a un grand besoin d'affection, mais n'ose pas toujours la demander. Soyez attentif à ses besoins. *Le maître Cancer a une vie stable qu'il apprécie ; le Gémeaux compensera sa tendance à devenir routinier.*

Verseau

21 janvier - 18 février

Imprévisible, décoratif et assez distant, ce chat préfère être admiré de loin. Il est avare de démonstrations d'affection envers les hommes, mais, d'un naturel curieux, les observe avec intérêt. *Le maître Balance comprend le chat Verseau ; le Sagittaire a comme lui une attitude imperturbable face à la vie.*

Poissons

19 février - 20 mars

C'est au foyer que s'épanouit le chat Poissons. Les mystères du jardin laissent ce chat indifférent. Il concentre son attention sur son maître, qui peut être assuré d'une dévotion sans partage. *Le maître Lion apprécie la compagnie du chat Poissons ; le Scorpion a un tempérament rêveur qui séduit ce chat.*

GUIDE PRATIQUE DU

Chat

Pour tout savoir sur la gent féline, depuis ses goûts culinaires jusqu'à ses talents secrets.

Choisir un chaton

Quel plaisir de choisir un chaton ! Mais avant d'accepter de vous suivre, votre nouvel ami voudra connaître la réponse à quelques questions !

Quel chaton ?

Ceux à poil long sont séduisants, mais aurez-vous suffisamment de temps à consacrer au toilettage ? Supporterez-vous les sautes d'humeur d'un animal à pedigree ou préférez-vous un chat au caractère facile et indépendant ? Votre compagnon devra-t-il souvent rester seul, et pourra-t-il sortir facilement ? Est-il contraire à vos principes de stériliser un chat ? Si oui, êtes-vous prêt à en assumer les conséquences ?
Si vous désirez un chat de race, adressez-vous directement à un éleveur reconnu ou à une association féline. Sinon, voyez un refuge.

Bébés chats
À 4 semaines, les motifs écailles de tortue sont déjà nettement délimités.

Lorsque vous choisirez un chaton, ayez présents à l'esprit les points suivants :

1 *Choisissez le chaton le plus vif et audacieux de la portée.*

2 *Recherchez un animal à l'œil clair, au nez et aux oreilles propres, aux dents blanches et saines ; évitez tout animal présentant des troubles intestinaux.*

3 *Assurez-vous que le poil est luisant et sain, sans puces ni affection cutanée.*

4 *Vérifiez que votre chaton est curieux et joueur, qu'il court et saute volontiers.*

5 *Ne ramenez pas chez vous un chaton de moins de dix semaines.*

6 *Assurez-vous que les vaccins sont à jour.*

ARRIVÉE À LA MAISON

Ramenez le chaton dans une boîte solide. Témoignez-lui beaucoup d'affection, jouez avec lui et ne le pressez pas s'il se montre un peu timide au début. Il aura besoin d'une litière que vous nettoierez régulièrement et de ses propres écuelles. Laissez-le s'habituer aux lieux avant de le présenter aux autres animaux de la maison. Ne le laissez pas sortir avant une semaine. Vous saurez qu'il se sent chez lui lorsqu'il sautera sur vos genoux en ronronnant !

LANGUE DE CHAT

Les chats ont l'art de communiquer. Ils utilisent, pour se faire comprendre, toutes les parties de leur corps, et de subtiles variations vocales. Voici un guide qui vous permettra de décoder ce langage corporel.

UNE QUEUE QUI EN DIT LONG

- Une queue droite, légèrement incurvée à la pointe, signifie : « Voilà qui semble intéressant. »
- Une queue dressée à la verticale veut dire : « Bonjour ! Ravi de vous voir. »
- Lorsque la pointe de la queue remue : « La colère monte ! »
- Lorsque la queue s'agite vigoureusement d'un côté à l'autre : « Vous l'aurez voulu ! »
- Une queue arquée, au poil hérissé, signifie : « C'est mon territoire, compris ? »
- Une queue basse, ébouriffée, veut dire « J'ai peur ! ». Un chat terrifié se tapit au sol, les poils hérissés.

RÉPERTOIRE VOCAL

- Le ronronnement peut vouloir dire : « Mmmmmmmm, c'est fabuleux ! » ou « Tu es ma personne préférée ». Toutefois, on a vu des chats ronronner alors qu'ils souffraient ou étaient malheureux.
- Le petit couinement émis par la mère pour rassembler ses chatons, est le même que celui des chats adultes pour saluer leur maître.
- Un miaulement discret indique que votre chat a repéré un oiseau et se dit : « Hummmmm, le bon déjeuner que voilà ».
- Les crachements et sifflements signifient : « Sors de mon territoire, sinon... »

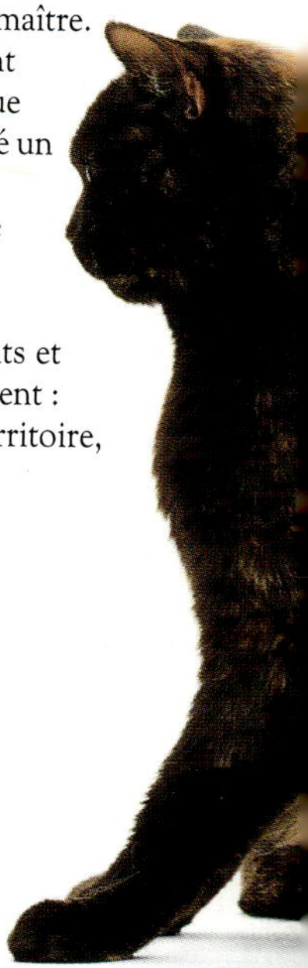

LANGAGE DU CORPS

- Un chat marque son territoire en se frottant contre les objets. Lorsqu'il se frotte amoureusement contre vos jambes, il dit : « Tu m'appartiens. »

- Un chat aux oreilles couchées vers l'arrière appelle à l'aide.
- La plupart des maîtres connaissent ce gentil petit bond, les deux pattes en l'air, qui signifie : « Coucou, cher ami. »
- Le chat qui vous accueille en se roulant sur le dos, vous présentant son ventre, vous dit : « Je me sens en parfaite sécurité avec toi. » Ne vous avisez pas pour autant de le caresser : cette zone est très sensible chez la plupart des chats, qui réagiront par un grand coup de patte.
- Le dos arqué sur des pattes raides, les yeux fixes et la queue hérissée signifient : « Arrière, ou j'attaque ! »

ALTER EGO

Ces deux jumeaux partagent-ils les mêmes pensées ?

REPAS DE FÊTE

Le tsar Nicolas Ier de Russie offrait à son chat Vashka, les jours de fête, le meilleur caviar poché dans du champagne, accompagné d'un émincé de loir à la française, avec beurre sans sel, crème, œufs de bécasse battus et sang de lièvre. Pour ne pas déranger ses domestiques, un certain Docteur Johnson allait lui-même acheter des huîtres pour son chat Hodge. Il n'est pas indispensable de vous laisser aller à de telles extravagances le jour où vous souhaitez faire une gâterie à votre minet favori, mais voici quelques spécialités qui devraient vaincre les résistances du chat le plus difficile.

VOL-AU-VENT RAMINAGROBIS

Fourrez la pâte de quelques morceaux choisis de poulet cuit et de sauce à la crème. Disposez sur le dessus quelques crevettes roses. Riche en protéines et en vitamines.

FOIE ET JAMBON AU GRATIN

Parsemez la viande de fromage râpé et servez tiède. Riche en vitamines, sels minéraux et protéines essentielles, ce plat est un succès assuré.

BOUCHÉES AUX CREVETTES

Garnissez de fines tranches de pain complet beurrées de crevettes roses fraîches ; coupez en petits dés de la taille d'une bouchée de chat. Raffiné et énergétique.

COCKTAIL MISTIGRI

Assurez-vous que votre chat a toujours de l'eau à sa disposition. Vous pouvez lui offrir pour les grands jours une coupelle de lait.

ANCHOIS SUR CANAPÉ

Une cuillerée à café de beurre d'anchois sur du pain de mie constitue un en-cas vite préparé, pour les chats friands de poisson. Riche en protéines et vitamine A.

GÂTERIE AU THON

Une portion de thon à l'huile ou au naturel parsemée de fromage râpé et légèrement gratinée, constitue un plat équilibré qui comblera votre chat.

GRANDES OCCASIONS

Votre chat se régalera d'une boulette de viande de bœuf crue, finement hachée, lors des grandes occasions. Veillez par ailleurs à ne pas servir à votre matou une nourriture trop riche en viande crue.

DOUCEURS

Certains chats mangent volontiers un morceau de mandarine ou de pomme, ou même quelques grains de raisin. Très riches en vitamine C, et en fibres.

Chat beauté

Si vous êtes l'heureux propriétaire d'un chat à poil long, vous devez le brosser tous les jours. Les chats à poil court sont capables d'entretenir eux-mêmes leur pelage, aussi un brossage une ou deux fois par semaine suffit-il amplement.

Les dents

Si la formation de tartre vous semble importante, consultez votre vétérinaire.

Toilettage du poil

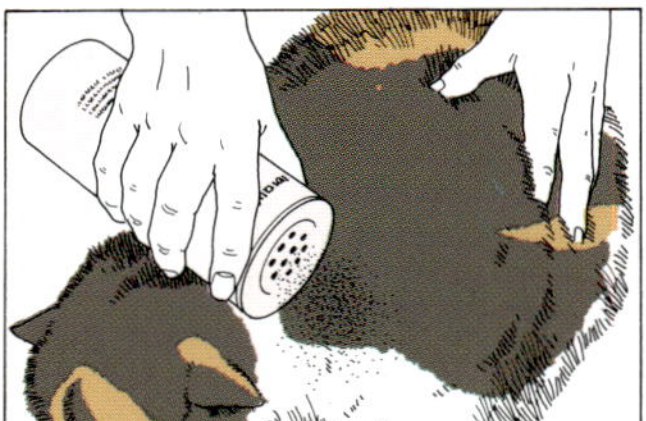

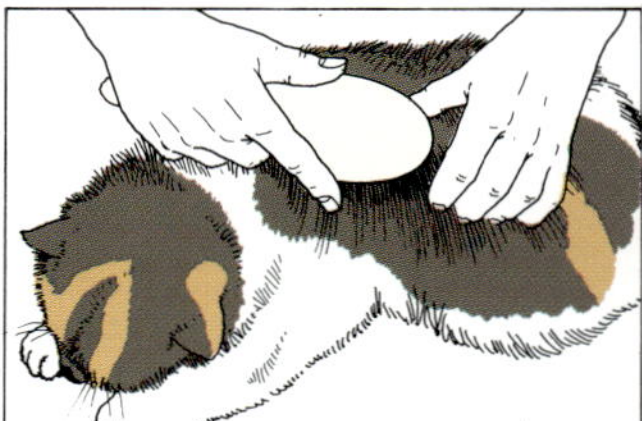

1 *Appliquez la poudre de toilettage en la faisant pénétrer dans le poil.*

2 *Brossez à rebrousse-poil sur tout le corps, afin d'éliminer les poils emmêlés et la poussière.*

Toilettage de la face

Vous pouvez peigner doucement les poils avec une brosse à dents, en restant toujours loin des yeux.

Yeux et oreilles

Nettoyez soigneusement avec un mouchoir en papier légèrement imbibé d'une lotion oculaire.

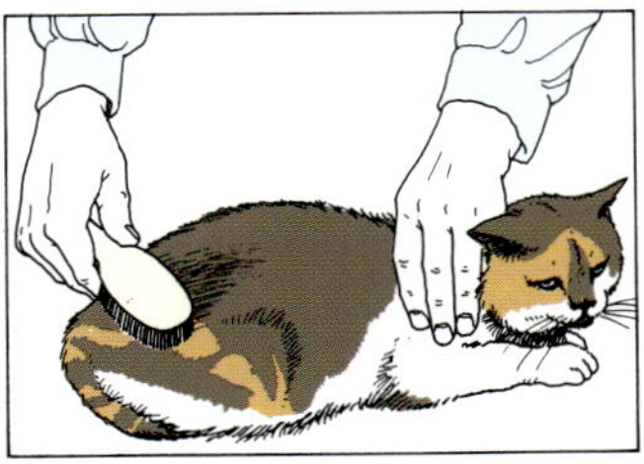

3 *Terminez en brossant vigoureusement dans le sens du poil.*

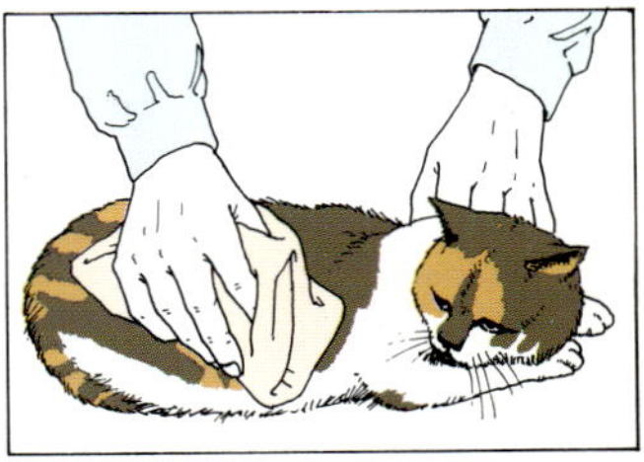

4 *Lustrez un poil court avec une pièce de velours, de soie ou une peau de chamois.*

CHAT-BÉCÉDAIRE

A COMME *ACCIDENT*
Les assurances remboursent rarement les accidents survenus aux chats, en particulier sur la route. Autant que possible, tenez le vôtre à l'écart de la rue.

B COMME *BÉBÉ-CHAT*
Profitez des cabrioles des chatons tant qu'ils sont petits. Ils s'assagissent vite et ne se risquent alors à chasser les ombres ou courir après leur queue que quand ils pensent que vous ne les voyez pas.

C COMME *CHATIÈRE*
Elle doit être placée à la bonne hauteur et pouvoir être verrouillée.

D COMME *DANGER*
Attention aux feux dans la cheminée ; éloignez le chat de la cuisine quand le four et les plaques sont allumés ; rangez les couteaux ; débranchez les appareils dont le chat pourrait mordiller les fils ; fermez les fenêtres des étages supérieurs ; enfermez les produits ménagers toxiques ; attention au fer à repasser ; ne laissez pas traîner de sacs en plastique ; rangez les petits objets avec lesquels le chat pourrait s'étouffer. D'autre part, certaines plantes sont toxiques. Évitez les suivantes : azalée, lierre, rhododendron, philodendron, poinsettia, caladium, belladone, ou tenez-les hors de portée de votre chat.

E COMME *EXERCICE*
Les chats qui vivent beaucoup à l'extérieur restent généralement en forme. Les chats qui restent à la maison font travailler leurs muscles en jouant avec leurs maîtres. Certains pourront même être habitués à se promener en laisse.

F *COMME FAMILIER (ANIMAL)*
Les chats supportent bien la présence d'un autre animal dans la maison et peuvent même se lier d'amitié avec un chien s'ils lui sont présentés tout jeunes.

G *COMME GRIMACE DE JACOBSON*
Les chats font parfois une étrange « grimace », en retroussant les babines, quand ils perçoivent certaines odeurs, comme celle de l'herbe à chats. C'est l'organe de Jacobson, un sens de l'odorat d'une extrême finesse, qui les fait réagir de cette manière insolite.

H *COMME HERBE*
Les chats aiment manger de l'herbe, qu'ils régurgitent avec de petites boules de poils. Pour les chats citadins, vous trouverez chez votre fleuriste des pots d'herbe à chats.

I *COMME INSTALLATION*
Enfermez bien votre chat pendant un déménagement ou un voyage. Une fois arrivés, laissez-le s'habituer peu à peu, pièce par pièce. Les caresses ne l'empêcheront pas de s'enfuir. Mieux vaut ne pas le laisser sortir jusqu'à ce qu'il se sente chez lui.

J *COMME JOUETS*
Les plus simples sont souvent les meilleurs : un bouchon suspendu au bout d'une ficelle, une boîte pour se cacher, une balle de ping-pong, une vieille bobine de fil, une souris en peluche pour exercer son coup de patte, un vieux journal à déchiqueter...

L *COMME LITIÈRE*
Placez-la dans un coin tranquille, à l'écart.

Veillez à ce qu'elle soit toujours propre, sinon votre chat protestera en faisant ses besoins ailleurs.

M COMME *MÉDICAMENT*

Les chats peuvent être d'une sagesse exemplaire, sauf quand vous essayez de leur faire avaler un médicament ! Les cachets peuvent être écrasés et mêlés à la nourriture, de même que les liquides. Sinon, prenez la tête du chat et inclinez-la doucement en arrière pour lui faire ouvrir la bouche. Appuyez légèrement de chaque côté de la bouche et introduisez le remède aussi loin que possible. Tenez la bouche fermée jusqu'à ce que le chat ait dégluti. Vérifiez ensuite que le médicament a bien été avalé.

O COMME *OBÉISSANCE*

Commencez l'éducation de votre chat très tôt. Dites « non » avec fermeté en le chassant du fauteuil interdit et il se montrera vite docile, du moins tant que vous n'aurez pas le dos tourné !

P COMME *PANIER*

Très utile pour voyager, quoique plus difficile à nettoyer que les sacs en matière plastique. Garnissez le panier de journaux. Essayez de ne pas y laisser le chat enfermé trop longtemps.

R COMME *RONGEURS*

Les chats chassent pour le sport plus que par nécessité. Nourrissez bien le vôtre si vous comptez sur lui pour vous débarrasser de vos souris. Un chat affamé n'aura pas l'énergie et l'enthousiasme pour entreprendre d'épuisantes poursuites !

S COMME *STÉRILISATION*

Les chats ne doivent pas être stérilisés avant

10 à 12 mois, et seulement si c'est nécessaire.

T COMME TENIR

Les chats, en général, aiment être dorlotés. Mais il faut les tenir avec douceur, en soutenant tout leur corps. Ne prenez jamais un chat par la peau du cou ou sous les pattes antérieures sans lui maintenir en même temps le bas du corps.

U COMME URGENCE

Si votre chat souffre de désordres digestifs prolongés, est apathique, se met à éternuer et à tousser, a les yeux rouges et larmoyants ou semble avoir mal dès qu'on le touche, consultez immédiatement un vétérinaire. Celui-ci vous conseillera aussi sur les vaccinations et les rappels à effectuer. Le typhus et le coryza sont les deux grands maux qui menacent votre chat. Mais ils peuvent être évités si vous le faites vacciner vers 12 semaines, sans oublier les rappels. Les établissements sérieux n'acceptent de prendre un chat en pension qu'avec ses certificats de vaccination.

V COMME VERS ET PUCES

Tous les chats ont des vers à un moment ou à un autre. Il existe dans ce cas des médicaments que vous conseillera votre vétérinaire. Pour les puces, vous pouvez en prévention mettre à votre chat un collier anti-puces au début du printemps, mais si le mal est fait, vous devrez traiter votre chat et votre intérieur.

W COMME WEIR

Au XIXe siècle, Harrison Weir fut le premier à fixer des standards pour les différentes races de chats.

Index

REMERCIEMENTS

Les éditeurs tiennent à remercier M. Guy-André Pantigny, président de la Société Centrale Féline de France et juge international.

PAGE 10 : May the New Year Prove Bright and Fair / Fine Art Photographic Library Ltd.

PAGE 11 : Proud Mother d'Henriette Ronner / Fine Art Photographic Library Ltd. Pam's Cat (détail) de Ditz / The Bridgeman Art Library.

PAGE 12 : Cats and Apples, R. Caldecott's Collection of Pictures and Songs / Mary Evans Picture Library.

PAGE 13 : Interior of a School (détail), de John Frederick Lewis / Victoria Albert Museum / The Bridgeman Art Library Ltd . Cat, R. Caldecott's Collection of Pictures and Songs / Mary Evans Picture Library.

PAGE 14 : A Tea-Fime Companion, de Marcel Rider / Fine Art Photographic Library Ltd.

PAGE 15 : Miss Ann White's Kitten, de George Stubbs / Fine Art Photographic Library Ltd. Exposition à la Bodinière (détail), de T.A. Steinlein, 1894 / The Bridgeman Art Library.

PHOTOGRAPHIES : Dave King
ILLUSTRATIONS : Susan Robertson, Stephen Lings, Clive Spong.